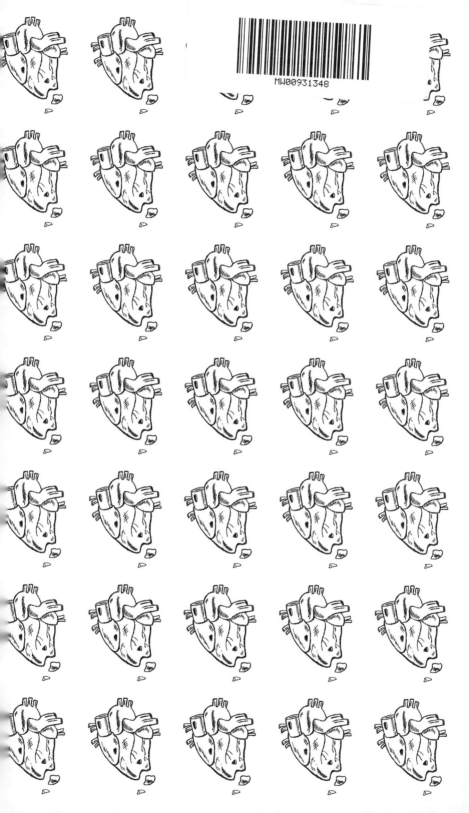

(sobre) Viviendo con un corazón roto

(sobre) Viviendo con un corazón roto

Faty Salinas

*Para ti y para mí,
que sufrimos en soledad cada etapa
del dolor, que perdimos a personas
importantes por seguir migajas de un
amor que nunca nos correspondió.*

Prólogo

Cara a cara con lo que me mata

En las próximas páginas tienes una cita con la baja autoestima, con la depresión, la ansiedad, la soledad, y un corazón (sobre)viviendo, te enfrentarás cara a cara con lo que mata, descubriendo lo que hay detrás del llanto, en cada sensación de insuficiencia y el miedo que hace abandonar los sueños.

Vas a tomar cada letra sintiendo los gritos que hay detrás, la súplica que haces a escondidas de los oídos de las personas, tropezarás con esas lágrimas que se quedaron perdidas entre los mares que dejaste en tu habitación, a mirar a los ojos a esos monstruos que no han dejado de cantarte al oído.

Aquí estás tú, estoy yo, que nos arrastran las olas cada vez que intentamos nadar a contracorriente, implorando que seamos descubiertos porque estamos por hundirnos y no hay un salvavidas que nos ayude a salir a flote a la superficie.

Aquí yace la voz que no puede escapar de las cuerdas vocales, el aire que cuesta sacar de los pulmones y así poder acercarse a un corazón noble capaz de escuchar los temores que se desnudan.

Al explorar cada línea te sentirás en compañía de cada decepción, de cada derrota y de cada pinchazo en el miocardio, te darás cuenta que el lamento atorado en la garganta no es tan difícil de expresar, que cualquier esencia puede repararse y saber continuar.

Al final de este viaje, quizá no encuentres la solución para el tormento que llevas en el interior, pero sí hallarás un hombro donde te puedas recargar para desahogar el dolor cuando no puedas seguir y descubrir las palabras necesarias que te harán entender los sentimientos que no desaparecen.

Santiago Berti / santiago_berti
Ciudad de México
04 de septiembre del 2023

Solo soy sobreviviente
de la depresión...

de la ansiedad y de un interior
que se partió en pedazos
por alguien que *ya no está.*

*Un corazón
con baja autoestima*

Ladrón de identidad

Tal parece que un ladrón entró
a mi cuerpo y de una manera
sin sospechar agarró todo
lo que en mí tenía, no dejó rastro,
solo se escabulló entre mis rincones
dejándome sin nada...

incluso sin mí.

Llegó un ladrón y de una manera tan fácil descifró los candados, como si todas las llaves para entrar fueran iguales, se adueñó de lo único que me quedaba:

De mis ganas,
de mis sueños,
de mis días y noches.

Llegó un ladrón que se echó al saco mi fortaleza, no quedó ni el más mínimo escombro, no soy ni una migaja de lo que solía ser, ya no hay sonrisa, no hay energía para continuar, me he quedado en ruinas, me he quedado **sin lo que alguna vez construí.**

Todos dicen que un corazón roto
hace que te encuentres,
ayudando a crear tu mejor versión.

Creo que eso no funciona conmigo...

Me sigo buscando.

Ya no quiero estar conmigo

¿No les pasa que quieren huir de ustedes mismos?

A mí sí, quisiera dejar de habitarme, destruir lo que soy, dejar de sentir ese ardor en el pecho que hace que me consuma en el fuego.

Quisiera abandonar los recuerdos que de a poco me van matando sin dejar rastro de sangre porque sucede dentro de mí, pareciera que hay una batalla interna donde soy yo quien muere una y otra vez.

Quisiera huir de mí, del pesar que no puedo calmar ni con los mejores medicamentos que el doctor recetó, debido a no entiende que un corazón roto no lo cura ni el mejor analgésico.

Bastaría con sentarse a mi lado y escuchar los gritos de auxilio que mi interior suplica.

Quisiera dejar de habitarme y nunca más volver a ese campo de batalla...

donde *siempre* me extingo.

El peor daño no viene
de las personas ajenas...

Viene de ti.

Cuando te ves al espejo
y aborreces lo que eres,
cuando comparas tus logros
y minimizas tu esfuerzo.

Cuando hay punzadas
y un nudo en la garganta
fingiendo que todo pasa
y que nada me duele...

En ese momento
no quisiera ser yo.

¿Quién habita mi piel?

Hay un intruso en mí, que solo me toma de a ratos, cuando la noche se asoma por la ventana, cuando el canto de los grillos son lo que hacen eco en mi habitación.
Ese intruso me juzga con solo mirarme en su reflejo, me toma tan fuerte que se hace parte de mi piel...

Nunca he visto su rostro, nunca he descubierto porqué me eligió desde aquel instante cuando el amor de mi vida se marchó y a veces pienso que es lo que dejó.

No sé quién habita mi cuerpo, lo que sé es que me cobija, pero siento frío, no me deja a solas, pero me da miedo, me canta por la madrugada, pero me deja en un insomnio...

No sé **quién** es.

No sé **quién** soy yo.

Cada vez que me veo al espejo
no me reconozco...

pareciera que alguien *más*
tomó mi lugar.

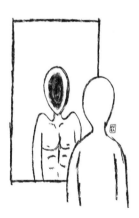

Me odio

Es cruel, lo sé. Ahora piensa por el caos en el que estoy pasando para tener el valor y decirme dos palabras tan hirientes.

Y sí, atravieso por una situación que me deja al borde del precipicio, me calcina demasiado que yo firmé el acta de defunción, entregué en la caja más bonita mi corazón a quien solo quería jugar como si fuera una pelota de futbol.

Y sí, me odio. Me odio por no saber elegir, por no colocar un límite marcado en rojo para que nadie lograra sobre-pasarlo, por no saber decir **"NO"**.

Me pregunto una y mil veces: ¿Por qué permití esa tortura? donde me senté en la silla eléctrica aceptando mi pena de muerte. No supe controlar el sentimiento más hermoso, "el amor". Mi mente sufría Alzheimer cuando un simple sujeto solía darme a cada rato veneno en sus palabras, intoxicando mis oídos y de ahí pasarse a mi interior.

Me odio por tolerar que me humillaran frente a mi familia y amigos. Por creer que estaba en lo correcto dejando ir a cada amistad, a cada consejo que mis padres me daban para lograr salvar cada trozo de un sentimiento que ya no estaba.

Me odio por olvidarme,
por regalar mi corazón
a alguien que **no sabía** querer.

Pesimismo

Pagué muy caro después del sacrificio que mi alma dio por amor. Ahora todo aparece con un menos cero en su escala, ya no hay una verdadera esperanza, ya no hay nada de lo que soy o de lo que alguna vez fui.

Ante este pesimismo que es un escudo a mi favor.

Me asusta pensar que existe una ilusión, es mejor que las cosas pasen sin esperarlo, que camine en dirección a su destino, y que, si no es para mí, al final no haya decepción, que no llegue ese arrepentimiento de creer en algo que es como un volado, sabiendo que no elegí cara ni cruz.

Es mejor así,
esperar sin compasión,
sin esas ganas,
sin esa voz,
sin ese eco
que pretende entregar...

lo que nadie valoró.

Me dijeron que llorar sanaba...

Ahora mis lágrimas
jugaron en mi contra
porque ahogaron mi fuerza,
sin dejarme luchar.

-traición

Hoy duele

Hoy duele lo que mi boca calla
y mi sensibilidad grita
sin que me escuchen.

Arde, que lo único que me
mantiene de pie es mi llanto.
Hoy duelen los recuerdos,
los momentos donde fui feliz
y que ahora
solo habitan en mi memoria.

Duele quedarme en casa
cada viernes en la noche
inventando excusas baratas
para evitar salir de mi cama.
Duele ver al mundo sonreír,
continuar como si nada pasara
y escondiendo el dolor.

Me lastima no encontrar la cura,
saber que no hay ganas para
que las cosas fluyan y que,
una decepción sirve para recibir
una gran lección, me niego
a creer que puedo convertirme
en alguien mejor.

Hoy duele
y ***nada*** me salva.

¿Qué piensas de mí?

Ya no me siento feliz con mi ropa favorita, ni con esos zapatos que tardé más de un salario en comprarlos, solo en mi cabeza pasa un destello diciendo:

¿Qué pensarán de mí?
¿Me veo bien?,
quizá deba cambiarme.

Ya no hay seguridad, he dejado atrás lo que soy y lo que puedo lograr. Ya he creído en esas palabras que muchos dicen, me he convertido en mi propia critica, soy mi peor enemigo.

Cada movimiento que hago pide la aceptación de los demás como si fuera necesaria una calificación aprobatoria para estar en paz. Me siento como un balde roto y que nada puede guardar.

Voy por la vida pensando...

en si seré **suficiente**
para alguien más.

He sufrido abandono

He dejado mi hogar donde podía
ocultarme de la tormenta.

He dejado mi refugio
donde el frío no me alcanzaba.
He dejado de habitar mi piel,
ya he guardado lo que necesito
en una maleta,
un poco de tristeza, enojos,
gotas saladas y soledad,
ya no hay espacio para nada,
no tengo intenciones
de llevarme lo que no sirve.

He tirado los recuerdos
que me daban vida,
quiero dejar cada rincón vacío,
que no haya rastros
de lo que alguna vez fui,
y que alguien aquí habitó.

Pretendo huir de algo que no sé,
no quiero dejar huellas en el camino
para que no me encuentren.

Me iré y diré
que he sufrido un abandono,
un abandono en mi cuerpo.

No me quiero ver en el espejo

Ya no me gusta lo que soy, en lo que me he convertido. Me lastima observarme al espejo y ver la versión que juré jamás habitar.

Detesto mirarme y sentir que ya no soy suficiente, que nadie lograría quedarse a mi lado, que nadie podría escucharme porque huiría tan rápido sin dejar rastros de que alguna vez estuvo ahí, para mí.

Me siento con pavor por mostrar todas las heridas que escondo debajo de mi rostro, que solo reflejo una falsa sonrisa.

No quiero verme al espejo para descubrir que estoy dejándome morir. Que he dado batalla, sin embargo, de una manera tan rápida decido renunciar a lo que me costó tanto tiempo lograr.

Estoy dejando caer mis muros, estoy enterrando mi buena energía, mis metas, mis sueños, el motivo de ellos ya no está...

Ahora estoy en completa oscuridad.

Me da cobardía mirarme y ser yo quien me juzgue, sin darme otra oportunidad para reconstruir lo que en trozos dejé partir.

Mi problema es que doy todo
hasta quedar
en completa melancolía.

Busco en mí lo que no tengo
y me salgo a deber,
después el destino no perdona
y me **cobra con intereses.**

Títere y titiritero

Fui parte de un show donde tomé el papel del títere principal, que cada movimiento que hacía estaba planeado por mi titiritero. No podía dar un paso si no lo permitía, no debía sonreír si no tenía su permiso.

He sido parte de la función más lamentable de mi existencia, me analizaron tan bien que hicieron parte de ella a cada una de mis debilidades. Mis lamentos no eran planeados y el crujido del miocardio no eran efectos especiales, **era real.**

Me controlaba tan bien, sabía exactamente lo que me afligía, logró ver tan adentro de mi alma y usar cada secreto en mi contra.

Lo más lamentable es que, aun estando lejos...

Mi titiritero me controlaba.

Me daba órdenes para ser y actuar, tal y como estaba escrito en el guion.

Lo siento, hoy no puedo

Perdí la cuenta de las veces que me negué a salir de fiesta, a tomar una cerveza o simplemente a caminar por el parque.

Mi mayor excusa es: "lo siento, hoy no puedo" cada vez que la uso se agotan las oportunidades para evadir la invitación a salir.

Cómo les explico que detrás de esas palabras hay un sinfín de sentimientos. Y no es que no quiera, es que no puedo, me pesa el cuerpo y no aguanto mirarme al espejo.

Desde que esa persona se fue, mi rumbo cambió, mis amigos se quieren acercar a mí para salvarme y no los dejo, yo me alejo cada vez más, mis padres me dan sus mejores consejos, aunque no me sirven, no por ahora.

Desde que se fue, se llevó mis ganas, mi energía para ser el centro del baile.

Así que, cada vez que me llamen para salir y diga: *"lo, siento hoy no puedo"* es debido a que aún me tortura el alma y no tengo la energía para salir de casa.

Me perdí en otros cuerpos

Me extravié entre otros rostros, donde voy eligiendo cuales labios me quedan mejor, pensando, imaginando, si tan solo tuviera esos ojos cualquier ser quedaría rendido ante mí, si tuviera ese cabello no tendría inseguridades.

Me he perdido entre otras curvas, entre el abdomen de alguien que se esfuerza a tope en hacer ejercicio, deseando sus piernas para poder usar los pantalones que no me atrevo debido a mi delgadez.

He formado un cuerpo perfecto entre tantos sujetos desconocidos, he llegado a la cima de la perfección...

Si tan solo tuviera ese aspecto mi rumbo no sería tan miserable, jamás me podrían romper el corazón, bajar la autoestima o sufrir un abandono más.

Me he perdido
entre otros cuerpos
creyendo que soy yo.

Gasté mis horas
en imaginar la vida perfecta,
pero me di cuenta
que nada es suficiente...

Quizá el problema viene de adentro,
un *vacío* que con nada se llena.

A muchos los mata el dolor...

a mí me ayuda a recordar
que *sigo* en batalla.

Si alguien se atreviera
habitar en mi piel,
no saldría con vida.

Entre la guerra y
el sufrimiento que *se vive aquí.*

De: Mí
Para: mí

Hay personas que te van a fallar
y una de ellas *soy yo.*

El peor enemigo
que más sufrimiento
te puede causar...

Eres tú.

A veces no sé si te amo
o te odio...

-buscando lo que siento por mí

Un corazón
en depresión

La depresión sonriendo

La depresión no se encuentra en la oscuridad de una habitación donde el frío es lo que se presiente.

La depresión va más allá de unas simples palabras de **"estoy bien".**

La depresión está ahí, en la tranquilidad de aquella persona que no cuenta nada, pero que escucha a todos porque siempre tiene las palabras adecuadas para cada problema.

La depresión está en esas pupilas que gritan dolor, y lo que hacen es brillar para esconder los ríos que están por salir.

La depresión está en esa evasión de preguntas cuando la atención se enfoca en lo que se refleja, en esa cancelación de planes cuando busca pretextos y dice que algo surgió de la nada.

Es ahí donde habita el parásito de la depresión, es ahí donde nadie sabe que se oculta, donde nadie sospecha porque hay evidencias de estar bien.

Ahí está la depresión...

Siempre sonríe.

(Me dicen) date tiempo

"Date tiempo, vas a curarte", "ten calma, ya pasará la tormenta", "ten fe, vas a estar bien" ...

Nada de eso me ayuda, el mal va más allá de unas palabras que a diario escucho siendo la mentira más bonita. Nadie sabe, hasta que lo siente. Nadie sabe la lucha tan mortal que se lleva cuando el tormento habita en el pecho y se queda ahí, a cada segundo punzando hasta dejarme sin aliento.

Me dicen a cada instante: ***"date tiempo"***

Cuando la fragilidad se muestra en sus manos. Me niego a creer que si lo hago voy a sanarme, y no es que no crea que el tiempo cura lo incurable, solo que en esta situación no me ayuda en nada.

Estoy en un socavón donde la oscuridad es lo que percibo, donde mi tortura es lo que genera latidos (aún). Me daré el tiempo que dicen cuando mi vigor esté listo para continuar, sin importar los pedazos que me hacen falta.

Dicen que al final todo se cura.

Yo estoy al borde de mi final
y **nada** mejora.

La quinta noche sin dormir

Es la quinta noche desde que pude interrumpir por un lapso los pesares que se pasean por mi mente.

Ya no logro detenerlos, se han apoderado de mis raíces, hasta de lo que era mi respiro, poder dormir y ya no sentir para dejar de llorar, para darle una pausa, aunque sea un segundo. Ya no puedo lograrlo, pese a que lo intente, aunque luche en mi mente y me grite que por favor descanse, tan fuerte se adhieren los sentimientos como si nunca me quisieran soltar.

Nada permanece quieto en mí.

Es la quinta noche sin dormir y mis ojeras son testigo de esas batallas donde siempre pierdo, son las que hablan y dan una mejor explicación a cada pregunta.

Es la quita noche sin dormir...

o solo *ya perdí* la cuenta.

Ring de box

Cada día es más difícil, siento que el mundo está en mi contra, que nadie entiende lo que realmente llevo dentro.

Que el enojo es lo único que está a mi favor.

Nada está bien, parece ser que mi brecha solo fluye en un ring de box, peleas con mis padres, con mis hermanos, con mis amigos, conmigo.

No logro sentirme en plenitud, siento que lo más pequeño se hace grande tan velozmente, si nada es como lo espero ya es motivo de gritos, que a decir verdad me dan terror. No logro controlar lo que mi boca expresa, lo que mi mente en ese momento piensa.

Es verdad, me desconozco, ya no sé quién soy, no sé en lo que me he convertido. Yo no era así, esa rabia no la conocía y me asusta cuando la taquicardia llega al pecho y no sé cómo pararla.

Estoy perdiendo a cada ser querido por mi mal humor, por mi defensa tan violenta que he creado, les juro que nada de eso quiero hacer, quiero dejar de ser ese monstruo que habita *en un ring de box.*

Han dejado de salir lágrimas,
me he quedado en sequía,
no sé si estoy anunciando
mi sanación...

o me preparo para mi muerte.

El miedo hablando

Ya no puedo seguir, mis ganas se están agotando y estoy sobreviviendo en un reloj, pero se está acabando mi oportunidad para detenerlo.

De verdad, ya no puedo, me rindo. Porque cada intento me deja al borde de la destrucción, me apaga, que lo único que siento son cuchillos atravesando mi pecho.

Nada va a mejorar, nada va a ser diferente, no puedo encontrarme, mi verdadero yo se ha ido y no pretende volver.

A cada minuto me derrumbo, el mundo se está destruyendo, el cielo se está viniendo encima, la vida se me está escapando y no lo puedo evitar.

Nada va a mejorar y no tengo intensión de luchar. Mi cuerpo está cansado, mi alma no quiere más esperanzas en vano.

Ya no puedo.

Y no soy yo,
es el *miedo* hablando.

La depresión existe

Ya no sé si las pesadillas son cuando estoy durmiendo o cuando logro despertar y continuar con algo que quiere llegar a su final.

Nadie me cree cuando digo que mi peor enemigo soy yo, que hay fantasmas que me persiguen en cada situación, que hay voces que cantan cómo terminar mi sufrimiento.

Nadie me cree cuando les digo que la oscuridad me espanta, que duele, y no es que lo tome personal, sino que cada palabra es como un arma en mi contra.

Nadie cree cuando les digo que mi mejor solución es tener ocupada a mi mente, porque así no logro pensar en lo que me arde.

Todos me juzgan cuando les digo que estoy en depresión, nadie lo cree, nadie asegura conocerla o simplemente niegan que en algún punto también fue su compañera.

La depresión existe,
y **no** es un juego.

A veces no lo digo

Quizá la existencia me ha enseñado a sufrir en silencio y no decir lo que atormenta.

En guardar lo que hay en guerra y no dejar salir los gritos que en el campo de batalla se encuentran.

A veces no lo digo, pero eso me aflige, no poder sentarme a contarle a alguien lo que en mí no quiero escuchar.

A veces no lo digo, pero necesito de un abrazo, de un hombro para recostarme y dejar salir el mar que hay en mis ojos.

A veces no lo digo, pero solo quiero que me escuchen, que no me juzguen y que **entiendan** mi dolor.

Arte del camuflaje

Nadie habla del arte del camuflaje en una persona rota. De cómo logramos escondernos entre las risas, entre la alegría de quienes sí son sinceros. Ya he logrado parecerme a ellos. En mis mejillas siempre me acompaña una sonrisa cuando salgo a la calle, tengo las palabras perfectas y no titubeantes cuando preguntan:

¿Cómo estás?

El arte del camuflaje me ha servido para poder completar mis actividades, para poder sobrevivir a la rutina, pero en el fondo...

Duele.

Duele esconder lo que está por matarte, salir de tu escondite secando las gotas saladas y respirando profundo para que tu voz no se corte. Genera un vacío tan grande sonreír, muchas veces dicen que es la cura para cualquier pena, yo me atrevo a decir que no siempre es así, lastima más mostrar algo que no eres, que no sientes. El arte del camuflaje sirve por el día, y por la noche cuando te encuentras a solas daña el doble, cuando miras tu reflejo y no puedes mentirte, no puedes hacerte creer que tu rutina estuvo de maravilla, que hoy no corriste al baño debido a que el nudo en la garganta estaba por ahogarte.

Frente a mí, en la oscuridad de mi habitación, no puedo usar el *arte del camuflaje...*

Para esconder mi sufrimiento.

Dicen que de amor no se muere,
y es mentira.

El amor *sí mata*,
pero te deja respirando.

¿Quién me salva a mí?

Soy especialista en escuchar los problemas de los demás, en dar mis mejores consejos diciendo que fue por experiencia propia, de tener las palabras que la mayoría busca escuchar, de tener mi hombro cuando ya no quieren ser fuertes, de dar grandes abrazos para acurrucar sus heridas.

Soy especialista en dar hogar, en callar cuando es necesario para escuchar, en dar mis mejores chistes para robarles una sonrisa cuando su vista se inunda del mar salado.

Ayudé a miles de corazones al borde del precipicio, he salvado miles de miradas entre las olas, *he rescatado miles de sonrisas que están por volverse roca.* Ya salvé a miles, pero...

¿Quién me escucha cuando mis palabras están a punto de convertirme en un completo caos?

¿Quién me salva cuando estoy asfixiándome con toda la presión que me quita el aire?

¿Dónde están esos corazones que curé con abrazos?

¿Dónde estoy para salvarme?

¿Dónde están mis mejores consejos?

¿Quién me salva a mí?

Fue mi culpa

Es posible que yo sea responsable
de cada cosa que pasa a mi alrededor,
soy yo quien no controla cada situación.

Es mi culpa que vaya mal,
que mi vida no sea perfecta,
que no sea así como siempre la soñé.

Yo soy culpable de este pesar,
no fui suficiente
para que te aferraras a mí.

Yo soy culpable de que mi cuarto
se encuentre helado,
que en mis mañanas la silla
esté vacía y que tu taza favorita
ya no sea parte del desayuno.

Yo soy culpable de esa daga en el fondo,
y que no haya un analgésico especial
para evitar ese pinchazo.

Soy yo, quien te alejó,
soy yo, **culpable**
de un completo caos
en el que estoy.

Hoy no quiero seguir

Hay mañanas donde salir de las sábanas es como si estuvieran cortando mi piel, solo quisiera apagar el celular y seguir durmiendo, cerrar la cortina para que el sol no me incite a levantar y seguir con un rumbo que no elegí.

Hay lapsos donde quiero caer al piso pues las piernas me pesan como dos grandes rocas, y la respiración va olvidando que debe habitarme.

Hay cansancio en mí, y ya no quiero seguir, ya no quiero que sea otro día, hay una lucha para ver quién gana, si mi cama o el despertador. Diez horas de dormir no son suficientes, despierto y es como si hubiera dormido solo dos minutos.

Es tan difícil, porque la fatiga no viene de mi cuerpo, sino del alma y para una herida así de profunda, no existe cura.

He dejado todo, no tengo fuerza, he dejado de cocinar mi comida favorita y de visitar el parque. Tan solo pensar en salir de casa, la poca energía se escabulle entre mis dedos y se esconde donde no podré encontrarla.

Hoy no quiero *seguir,*

hoy no quiero *vivir.*

He pensado mil veces:
¿Por qué estoy aquí agonizando?

Y las mil respuestas son:

Tú.

Mi cuerpo no está bien

Mi mente está llena de tormento cada vez que tomo el valor para salir de mi habitación, mi pelo se cae cuando voy a la ducha y entrelazo mis dedos, mis labios arden de las muchas veces que provoco lesiones inconscientemente.

Mi cuerpo no está bien, se derrumban mis muros, hay pesadumbre, hay enfermedad, hay dolencias que hablan por mis sentimientos...

Yo no puedo hacerlo.

Mi estómago se retuerce entre el vacío que hay dentro, ya no hay mariposas, los monstruos se encargaron de extinguirlas.

Mi cuerpo no está bien, la bilis sale por mi boca de una manera tan amarga que me deja sin ganas de comer. Llegan temblores que por más que quiera evitar no soy tan fuerte para cerrar la puerta y detenerlos.

Cada semana visito al doctor doblegándome por cualquier síntoma, me dice que no tengo nada, pero yo no le creo. Duele y nada me cura, ni su mejor medicina.
Mi cuerpo no está bien y no estoy haciendo nada para salvarlo.

Mi piel está hecha de silencios
y de palabras mudas
que guardé por *miedo.*

Altibajos

Estoy en una montaña rusa, hay etapas que logro sentirme bien y no le permito al sufrimiento ser parte de mi rutina. Decido levantarme con más energía, los pensamientos no me inundan para asfixiarme.

Hay días buenos donde el sol me acurruca y la música se vuelve parte de mis latidos. Hay lapsos donde sonreír no me cuesta nada y las olas se esconden.

Hay trances donde decido ser yo, no hay tristeza, decido salvarme y buscar el poder que salió corriendo de mí.

Hay días buenos,
pero solo es una *ilusión...*

De pronto mi entorno se vuelve gris, mi esfuerzo desaparece quedando en nada y no logro huir de ese agujero donde en cadenas estaba.

Ahora me atormento el doble, el dolor no se sentía tan quemante, las contusiones sangraban al mismo ritmo y no tan rápido, el llanto llenó por completo mi océano salado.

Después de luchar contra mí, entendí... que hay altibajos, un día bien, un día mal, es parte del proceso para sanar.

**¿*Toda la gente tiene algo de ti?*

O solo soy yo,
que busco algún pretexto
para recordarte.**

Qué ironía,
a diario procuro correr
de lo que me hace daño,
sin pensar que lo que lastima
no está afuera...

Está adentro
y lo más triste es que,
no puedo huir de mí.

Ya no quiero vivir

Si contara las tantas veces que he pensado en que ya no quiero vivir, no me alcanzarían los dedos. Y no es porque sea débil, es que ya llegué a mi máximo umbral.

Ya no puedo seguir caminando, con cada paso mis piernas se debilitan un poco más.

Ya no quiero vivir, ya no quiero sentirme así, es tan inhumano dejar agonizar a una persona que ya está llena de golpes, miles de balas le han atravesado el pecho, miles de navajas le han cortado la piel.

Ya no quiero vivir sabiendo que entre más pasan los segundos las aberturas se hacen más profundas, que respirar va a doler y que debo tener un buen pretexto para no hablar con nadie.

Cuando te digo que quiero morir no es engaño, es la realidad, *es mi salvación* para estar en paz.

Jamás olvidaré aquel instante
donde mi esencia cambió,
aquella despedida
que hizo que todo dentro de mí...

Muriera.

Rumiación

Mi cabeza es una montaña rusa, donde gira en torno a un pensamiento que se inscripta en mi cerebro, que da vueltas una y otra vez hasta dejarme en total cansancio.

Mi cabeza no para de rumiar en los posibles escenarios de un simple propósito, es mi maldición no poder estar en paz, no poder apagar el interruptor cuando ya es suficiente.

Analizar las cosas me mata,
sí, también me *extingue.*

Aunque yo no quiero es algo que me quita el aliento, las posibles ganas de poder sonreír y estar bien. Tal vez nadie me entiende, nadie es capaz de tolerar las bóvedas de los pensamientos que no se detienen, que no se cansan de tantas vueltas.

Es complicado poder liberarme, poder soportar la fatiga de una mente que nunca está tranquila.

Un corazón
con ansiedad

Te instalaste en mi cerebro

Aún recuerdo aquella fecha donde te instalaste en mi cerebro, a partir de ese instante nunca estuve en soledad, siempre me acompañaste en mis mejores y peores épocas, me gritabas por hacer bien o mal las cosas.

Me hacías sentir culpable de algo que no estaba en mis manos, me juzgabas sin antes conocerme, hacías odiarme cada vez que no lograba alcanzar mis propósitos. Te presenté a mis padres, a mis amigos, en forma de gritos y malas acciones.

Fuiste la única que se quedaba cuando la luna se asomaba por la ventana, cuando el silencio era parte de mi habitación y mis latidos a mil por segundo hacía estremecer mis cuatro paredes.

Aún recuerdo cuando tomaste mi cuerpo y me llenaste de escalofríos que jamás se detuvieron. Fui parte de tu juego, de tu aprehensión, de ti.

Recuerdo cuando
te instalaste en mi cerebro...

Ansiedad.

Suicidio emocional

He dejado de sentir, fui yo quien se encargó de desaparecer mi versión del pasado, que no quede evidencia de lo que alguna vez fui, de aquello que solía hacer cuando era feliz, las sonrisas que les robaba a los que estaban a mi lado.

He olvidado cómo se siente estar en calma, cómo es acostarte en la cama, apagar la mirada, despertar y que nada duela, estar a tiempo para realizar mis deberes.

Me cuesta comer y no sentir un nudo en la garganta que te lastima, ir a la ducha escuchando canciones para bailar y cantar a todo pulmón, ahora solo enciendo la música para que no me oigan llorar y piensen que soy débil.

Ya no puedo salir de casa a solas, ahora siempre me acompañan las sombras que ni durmiendo me dejan en paz.

Ya no recuerdo esa comodidad que generaba sentarse en el sofá para ver una serie, comer demasiado hasta querer reventar.

¿Qué se siente estar alegre?, agradecer por un nuevo día, tener la energía para hacer lo que me gusta.

He olvidado lo que era antes
de mi ***suicidio emocional.***

Mis pies están cansados
de tanto caminar
y no llegar a ningún lugar.

-ya no puedo

¿Cómo estás?

Es una pregunta que a diario me hacen y tengo que mentir para que no sigan cuestionando. Sonrío y digo que las cosas van de la mejor manera, que ya nada pesa, ya nada me hace daño.

Pero detrás de cada palabra hay una batalla que estoy a punto de perder, noches de insomnio donde mis ojos no descansan y mi cerebro da vueltas sin parar.

Tan solo quisiera tomar el valor para responder:

— **No estoy bien**, intento luchar, sin embargo, ya nada parece estar en su lugar, no encuentro salvación, ya no quiero vivir, realmente me estoy quebrando.

Esa pregunta para los que vamos caminando con el corazón roto es una puñalada en la herida donde en cada movimiento se va abriendo una sutura más.

No existe respuesta, no hay manera para desnudar la verdad, siempre habrá justificaciones para evitar que sigan introduciendo los dedos en la lesión que escondemos y que nadie más la pueda observar.

Las almas quebradas
no saben responder
cuando preguntan:

¿Cómo estás?

Ahora que me encuentro distante
de aquel amor
que tanto me costó soltar...

No pregunten cómo estoy,
mi interior solo está
luchando para **no** morir.

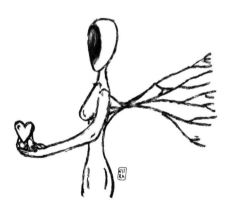

No sabes lo que siento.

No te atrevas a decirme que pronto voy a estar bien.

No me digas que no vale la pena llorar.

No te atrevas a decir que entiendes mi dolor.

No me pidas que me tranquilice.

No me digas que soy fuerte y que voy a lograr salir de esto.

Porque no tienes la mínima idea de lo que es estar así...

Que hasta respirar lastima.

Te pido que no digas nada, solo necesito de un abrazo tuyo.

Eutanasia

Nadie se debería atrever a hablar del pesar de alguien que ya hizo hasta lo imposible para salvarse, que las enfermedades del alma son tan mortales como las que ocasiona una bacteria o el virus más peligroso.

Muy pocos entienden lo que es agonizar, pero no morir, de intentar sobrevivir, aunque sea complicado lograrlo. Nadie entiende que el mejor medicamento ya no cura, que los mejores cuidados ya no valen la pena, porque ya se hizo la lucha y nada fue correcto.

Quiero evitar mi sufrimiento, quitar este daño obsoleto, deshacerme de mí, dejar de habitar este cuerpo infectado por la melancolía, que está repleto de fantasmas que dejé entrar para invadirme, que hicieran fiesta como si fuera su propia casa.

Elijo parar mi aflicción, decido acabar con lo único que me queda, decido apagar mi respiración regalando el último aliento a la vida por no saber cómo vivirla.

Ya es necesario matar
lo que *siempre* me mató.

Mi cabeza reproduce miedos

Nunca hay silencio y siempre hay murmullos que no me dejan estar en paz, me recuerdan los momentos que quiero dejar de pensar.

Hay un chasquido tan peculiar, donde no cuesta predecir que están por venir un sinfín de lamentos en mi cabeza.

Hay voces que no entiendo lo que dicen, no sé lo que quieren, o para qué me eligieron a mí.

Me estoy volviendo un completo caos, no puedo llegar a mi hogar, ponerme la pijama y perderme en un sueño para descansar, no puedo estar mirando la televisión con atención, ya no puedo escuchar mi canción favorita porque el tiempo se detiene y al parpadear me doy cuenta que ya se terminó.

Me dicen que no puedo comprender, no puedo descifrar qué es lo que buscan, ¿por qué no se van y me dejan en soledad?

Hay voces en mi cabeza
que ya quiero **dejar** de escuchar.

La melodía más desgarradora
es aquella **voz rota** antes de hablar.

Autopsia

Cuando mi corazón murió
y entraron pasa saber
el motivo de mi muerte,
hallaron fragmentos de recuerdos
que la mayoría se parecían,
un nombre que en cada
esquina se encontraba,
un rostro que ya era parte
de cada vena que daba energía.

Cuando morí y abrieron mi cuerpo,
encontraron besos en cada hueso,
caricias en cada visera.

Había pedazos de mí,
parecía un ataque terrorista,
estaba hecho polvo,
eran pocos los indicios que
demostraban que ahí hubo vida.

Cuando morí y entraron
en mi cuerpo para saber
lo que había ocasionado
mi extinción,
dieron el último
diagnóstico que lo causó:

_Tú._

No vivo, solo sobrevivo

Voy por la vida comportándome como una máquina que está diseñada para realizar limitados movimientos, que no se puede usar para algo más porque no serviría.

Voy a diario sumergiéndome en una rutina, ocupando mi mente para no extrañarte, para dejar de pensarte, para cansar cada milímetro de mis músculos y evitar las ganas de buscarte.

Voy por mi rumbo sobreviviendo con tu recuerdo que me mata en cada esquina, como si tu nombre fuera el terrorista invencible de la historia que cada vez que mis labios toman el valor para pronunciarlo, quedo en cenizas, sin ánimos y casi agonizando.

Me he dado cuenta que ya no vivo para mí. Mis sueños, mis metas, mis ilusiones se fueron contigo.
Ya no vivo, solo sobrevivo...

-por ti

Fragilidad

Me siento como una taza rota, guardada en el cajón de la cocina donde nadie puede juzgarme.

Me siento tan frágil como un recién nacido que, si tocas con fuerza, romperías los 206 huesos y formarían figuras tristes con mis partes destruidas.

Me siento como los pétalos de una rosa, que, si tus manos se deslizan sobre ella, las desprende para quedarse en tus dedos, quitándole la belleza y el color que es parte de su esencia.

Me siento como una copa de vino en una mesa que, sin intención mueves y cae al piso derramando y quebrando cada espacio que construyen su forma.

Me siento tan frágil como las lágrimas cuando no se resisten ante un abrazo de esa persona que es debilidad.

Me siento tan frágil como la porcelana de la muñeca que ha caído al piso y se guarda sin importar los pedazos que hacen falta en su cuerpo.

Me siento tan frágil,
tan vulnerable
a romperme cada vez más.

Ya no puedo estar conmigo...

quiero dejar de **habitarme.**

Parestesia

Hay instantes donde mi cuerpo cobra con intereses lo que oculto, mis manos tiemblan al pensar que ya no estás aquí, se llenan de hormigueo como si habitaran cientos de arañas entre mis dedos.

He perdido el oxígeno, es como si cayera un inmenso peso en mi estómago y sacara hasta el último suspiro de aire (todo parece jugar en mi contra).

Ya caí al piso tantas veces que mis piernas ya carecen de fuerza, mi esencia se ha marchado junto contigo, la guardaste en tu maleta, entre una muda de ropa para que no me diera cuenta que había sido robada.

Cada latido se acompaña con pinchazos entre mis muslos que forman una extraña sintonía, una sintonía que me lleva a mi extinción.

Está lloviendo, mi frente se está llenando de gotas, que caen una por una creando el sonido más abrumante ante el silencio, estoy por ahogarme.

Me han diagnosticado
una enfermad
que lleva tu nombre.

La guerra te hace más fuerte
o te deja en cenizas...

Y yo soy la ceniza
que se dejó vencer.

-estado de ánimo

Crisis de ansiedad

Desde aquella madrugada
en mi interior se fabricó un
constante peligro inminente,
temblores que hacen que
no me pueda levantar,
tormentas que caen
y empapan mi piel.

Palpitaciones a mil por segundo,
como si el corazón buscara
salir del pecho y correr lejos de mí.

Cuando mi cuerpo me ataca
pierdo el sentido,
no logro calmarlo,
parece que he perdido el control,
tengo pánico, y no sé a qué,
tengo lágrimas atoradas
en la garganta
que no puedo dejar salir.

Cuando mi cuerpo me ataca
quisiera encontrar la salida
y huir de lo que soy.

Nada me tranquiliza,
al sonido del tic tac mi alma muere.

Cuando mi cuerpo me ataca,
por favor, **no te vayas.**

Jamás entendí en qué momento
me convertí en mi peor pesadilla,
cuando te tenía...

o cuando decidiste *irte.*

De aquí para allá

Ya he trazado una carretera con los pasos que doy sin sentido, no encuentro el rumbo, a dónde quiero ir o qué es lo que me llama.

Me dicen que no puedo permanecer en un solo sitio, y es verdad. Existe un interruptor que se enciende en ciertos momentos y que, de la nada se apaga, pero no quedando inservible. No sé a dónde quiero llegar, pero me siento con ganas de caminar, de correr, de huir de algo que no comprendo.

Mi pierna se mueve a cada segundo cuando estoy en una silla, de arriba para abajo sin darme cuenta. Mis manos toman un movimiento parejo como si el viento las moviera.

No sé lo que pasa, solo queda decir que no puedo estar en completa calma, estoy en constante movimiento creando un laberinto sin encontrar escapatoria.

Estoy de aquí para allá,
buscando la respuesta
que genera mi ***intranquilidad.***

El amor no me sanó,
me dejó en ruinas,
casi en extinción
o simplemente no era amor
lo que yo **sentía.**

Desde que te conozco

Desde que te conozco nada es igual, ya perdí amistades y ganado fantasmas debajo de mi cama, he perdido peso y ganado susto al mirarme en el espejo, el cabello se ha caído y he generado inseguridades, ya perdí mis mejores tiempos y ganado aprendizajes.

Desde que te conozco ya no veo las cosas igual, ya no me siento de la misma manera, ya no tengo el mismo vigor ni las mismas ganas.

Desde que te conozco mis sueños cambiaron y mis metas quedaron en el pasado. Mi motivación se evapora, ya olvidé los mejores chistes que contaba en una tarde de cervezas, ya no sé sonreír.

He perdido el interés por mis pasiones, dejando de hacer lo que me acurrucaba cuando todo iba mal. He dejado a un lado a mi familia, ya no tengo nada que contarles, he dejado en el olvido a mis amigos, no quiero explicarles qué es lo que pasa.

Desde que te conozco
nada es igual,
yo no soy igual.

Ansiedad,
me has dejado sin nada.

De lo único que puedo aprender
de un *corazón roto*,
es saber qué mentiras usan
cuando quieren entrar en mi alma
y cuando llevan el cuchillo en la espalda.

Me robaste cada momento

Te adueñaste de los momentos más felices de mi vida, tomaste cada segundo y los llevaste lejos de mí, borrando cada fragmento de mi memoria.

Abandoné la paz, lo que es sentarse en la mesa a cenar con mis padres, a salir un sábado por la tarde con mis amigos a tomar un café, acostarme y ver las series que más me gustan. Quedaron en la historia, siempre tengo buenas razones para no vivirlos, para dejar a un lado mi existencia y esconderme en la habitación inventando los mejores pretextos.

-Me duele la cabeza
-Tuve una rutina muy pesada
-Quiero descansar

Pero nada es verdad, me aqueja estar ahí, ver cómo los demás sonríen fácilmente a pesar de la noche, yo no puedo, lo intento y siempre fallo.

Esos instantes donde debo estar bien, nunca lo consigo, porque solo lucho para que mi tormenta no salga por mis poros, me resulta casi imposible combatir conmigo y mostrar que voy bien. A veces no puedo, mi rostro no puede fingir...

Y no, no es mal humor.
Porque cuando el alma duele,
los buenos momentos ya ***no sirven.***

¿Te puedes imaginar la magnitud
de mi sufrimiento?

Que hasta en la tumba
no dejaría de agonizar.

Ese colapso cuando
quiere salir cada lágrima
y mis ojos colocan una barrera
al estar cansados
de llorarle a alguien,
que evidentemente...

No tiene intenciones de regresar.

Me gustaría contarte

Me gustaría contarte que desde tu partida soy alguien que sonríe. Pero no, estoy entre látigos sin tenerte. Como si hubieras dejado una parte de ti en mí, aquí incrustada, como si fuera un gusano que me estuviera carcomiendo el alma, que me deja sin ganas.

Me gustaría decirte que tu ausencia me dejó en fiesta, que mi fuerza la recuperé y que mis gritos no son de angustia. Me gustaría, Pero no.

Sigo en prisión de un murmullo que no conozco, de un cuerpo que nunca he logrado encontrar, solo me sigue, me acecha en cada movimiento, se ríe de mí, con una voz similar a la tuya, donde a diario me cuenta mis inseguridades como un mal chiste en medio de una reunión de conocidos, me muestra el sendero de mis cicatrices con una navaja en mano, me quema cuando siento que me respira detrás de la oreja.

No encuentro un rincón en mis cuatro paredes, en el mundo, en mi vida donde pueda estar libre, me siento al borde de caer sin nada que cubra mi golpe, como si mi corazón se fuera enfermando y estuviera agonizando sin encontrar la solución, me siento como si el aire en el mundo se terminara y nuestro destino fuera morir.

Me siento así, con frío, sin ganas de llorar, ya no tengo ánimo, estoy en sequía...

Estoy en un vacío
donde no puedo contarte
lo que es estar en paz.

Lo peor de la ansiedad es que,
ni con mil medicamentos
te puedes *sanar.*

Un corazón
en soledad

¿Quién está debajo de mi cama?

Cuando cae la noche,
me refugio entre mis sabanas
para sentirme en protección,
porque el silencio me da pavor.

Me asusta creer que no hay nadie
que pueda salvarme
o simplemente me acompañe
cuando no pueda dormir.

Es verdad cuando dijeron
que esto me iba a dejar
en desamparo, que se irían
las personas que más quiero.

Es verdad que la ausencia
te cambia, te quita la sonrisa
y te encadena en la rutina,
mucho trabajo te quita tiempo
para no pensar en ese vacío
de tu habitación.

¿Quién está debajo de mi cama?

Espero que mis fantasmas
tampoco **se hayan ido.**

Todos se fueron

Hoy quise platicar con alguien,
pero me di cuenta que ya no están,
mis compañeros, mi familia...

Ya no hay nadie,
al parecer se fueron sin avisar,
o quizá hicieron una advertencia
y me negué a escuchar lo que decían.

Cada acción incorrecta
me trajo a esta cueva,
a este nuevo mundo
donde solo existo yo,
no hay más.

Se fueron, y nunca logré
captar que estaba perdiendo
a los que *siempre*
me querían apoyar.

Lo más triste fue que estaba
por olvidarte y
en mi interior aún seguía
una última esperanza
de que volvieras.

-autoengaño

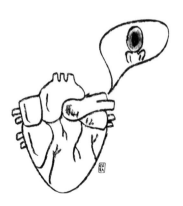

Amigos

Ya perdí la cuenta de los amigos que se quedaron en el pasado, de todas las personas que dejaba a un lado por enfocarme en mi sufrimiento.

Perdón a cada uno, por nunca valorar su amistad, por colocarlos hasta el final, por evitar apoyarme en ustedes y ocultar mis lágrimas. Me resulta inapropiado contar esa historia que ocasiona un agujero en el pecho.

Perdón a esos amigos que hoy en día ya no saben de mí, que los dejé en el camino. Siempre los recuerdo con mucho amor, por estar cuando mi mundo se partió, cuando descubrí la venda que tenía en los ojos.

Lo siento por nunca hacer caso a ese consejo de soltar lo que lastima. Perdón por alejarme, por apagar la chispa que conocieron, ya nada es igual.

Gracias a esos amigos
que siempre estuvieron
cuando más los necesité...

y que ahora ya **no** están.

Navegan en mi mente los errores
que nunca cambié y las cosas
que no me gustaban de ti...

pero **nunca** expresé.

Versión que jamás volveré a ver

Aún recuerdo cuando decían que mi felicidad me caracterizaba, esa energía que contagiaba a pesar de los malos ratos.

Aún recuerdo cuando tenía fe en cada situación por más nublado que estuviera el cielo, esos sentimientos que ofrecía sin miedo, cuando me esforzaba por cumplir mis sueños sin importar el sacrificio.

Aún recuerdo aquel momento, esa magia que llevaba entre mis dedos, la vivacidad que se transportaba en mi piel.

Aún recuerdo cuando no dolía, cuando no tenía temor de conocer nuevos corazones, de salir de fiesta y usar mi mejor ropa.

Aún recuerdo esa versión
que *jamás* volveré a ver.

Dolor emocional

Es una constante lucha
de emociones,
donde jamás permití
que mis pensamientos
fueran invadidos como sitio
para la guerra, pero lo hicieron...

Son gritos de ayuda,
de dolor que padece cada emoción
que sin querer yo asesino.

Soy participe de mi propio funeral,
me estoy encargando de acabar
con cada sentimiento que habita,
es como si mi único cometido
fuera quedarme sin nada.
Y lo estoy logrando.

Me duele mi felicidad,
mi pesar, mi rabia,
mi sufrimiento...

¡Me quema!

Y me estoy enterrando
en completo abandono,
en una maldita desdicha
que nadie puede notar.

Ya no hay nadie

Si tan solo alguien me preguntara cómo me siento.

Sin tan solo alguien entendiera lo que estoy pasando y los motivos que me están venciendo.

¿Dónde están todos?

He volteado a mi alrededor y solo hay disimulo, tal parece que ya no existo, que mi tomento ya pasó y estoy de la mejor manera.

¿Dónde están todos?

Necesito de oídos que escuchen mi suplica, de brazos que cobijen el frío que hay entre mis huesos, de latidos para que el miocardio encuentre la sintonía para seguir, de silencios que curan (que una simple sonrisa lo arregla).

¿Dónde están todos?

Quiero pensar que el celular ya no funciona, he perdido los mensajes y llamadas de mis contactos.

A donde vaya llevo
a mi lado una calma,
que no es calma.

-ya no hay nadie

El tiempo no cura nada,
solo te enseña a vivir
con las ausencias...

y **el hueco** en el pecho.

Te sigo pensando como el primer día

Han pasado tantos días
que ya debería olvidarte,
es tan imposible dejar
de extrañar lo que fuimos,
las risas infinitas
que calmaban la tormenta.

Parece que vivo en un bucle
de aquel primer instante
cuando te conocí,
aquel segundo donde aposté
que sería diferente y perdí.

Es imposible recuperar un corazón
que ofreció sus pedazos
para completar el tuyo,
encontrar la medicina que cure
cada corte que sangra en mis manos.

Te sigo pensando como el primer día,
como si hubiera sido ayer.
Al apagar la mirada todavía
puedo recordar tu rostro,
tu voz, sentir tus caricias
y la paz que me entregabas al mirarme.

No podré olvidarte,
no en esta vida.

No puedo salir de aquí

Estoy intentando encontrar un motivo para ponerme de pie y continuar con mi rumbo, pero todas las opciones se agotaron, no hay nada, ya busqué hasta debajo de las piedras y no existe una palabra que me pueda impulsar.

Me siento como en una esfera donde no hay salida, busco un agujero y el fondo está con llave. Se me está terminando el oxígeno, no hay condiciones para vivir, todo está desapareciendo.

Jamás entendí en qué momento llegué aquí y no me imagino cuál será mi último instante. Ya perdí la esperanza de que alguien llegue a buscarme, tomarme y sacarme de aquí, porque ni yo soy capaz de crear mi mejor estrategia para escapar.

Estoy entre cadenas que jamás lograré vencer, necesito de un apoyo, mi fuerza se fue, no sé en qué momento, pero huyó.

Huyó de mí.

-no puedo salir de aquí

En mi baúl

Dentro de mi baúl guardo tantas cosas que no soy capaz de mostrar al mundo, guardo miles de caricias, miles de canciones que por más que escuche no puedo ser capaz de entenderlas.

No me atrevo a regalar lo que tengo en el fondo, le llamo defensa propia u otros le llamarán egoísmo. Ya que, después de tantas veces que mi corazón ha sido el campo de batalla para una persona que jugaba a no hacerme daño, que escondía el cuchillo bajo las sábanas y cuando dormía me hacía heridas que yo no me percataba.

Lo que soy nadie lo sabe, nadie ha logrado descifrar mis secretos, hay temor a que me juzguen, a que alguien pueda entrar para hacer que aborrezca lo que guardo.

En mi baúl hay un sinfín de relatos, de sueños, de metas. Dentro de mi baúl, habita alguien que *tiene terror* a que sea descubierto.

¿Me regalas una tacita de tu felicidad?

La mía ya se ***terminó.***

Que sea verdad su despedida

Es tan extraña la manera que te puede hacer sentir alguien que está y a la vez no, quien juró desde un inicio no lastimarte, cuidarte y proteger las aberturas que aún dolían.

Es tan triste saber que se termina, que entre más pasa el tiempo la fecha de caducidad llega, así es con el amor equivocado, nada mejora, al contrario, se camufla como un cangrejo y retrocede.

Es tan extraño que quien juraba tantas veces quedarse, ahora promete muchas veces irse. Perdí la cuenta de las peleas y de lo único que me decía: "es mejor que me vaya" "es mejor terminar"

Cada letra me hacía sentir en total desolación, con temor, me sentía tan vulnerable, como si estuviera entre la inmensidad del océano a punto de ahogarme.

Es demasiado triste saber que donde era mi hogar se convirtió en un campo de exterminio, un total infierno donde los reclamos eran el tema de conversación. De todas esas veces que dijo adiós, lograba que me sintiera cada vez más en asilamiento...

Cada momento suplicaba:

"Espero que esta vez,
sea verdad su despedida".

He jurado que alguien va
a volver, pues si alguna vez
me quisieron así como dijeron...

Sé que no me dejarán **morir**
en desamparo.

Lo que más odio es salir a la calle
y ver a personas sonriendo,
tomando fotos,
disfrutando de una cerveza...

Y yo caminando en soledad,
queriendo ***desaparecer*** para huir
de las voces de mi habitación.

Silencio

Aquí solo hay silencio, tinieblas que nublan la vista, no hay señales de que alguien esté aquí. Mi alrededor está extinto, ya no hay sol, solo hay noche, ya no hay risas, solo hay lamentos, no existen alegrías, solo abunda la melancolía.

El silencio no me deja dormir, es el peor parásito que habita mi cerebro, que acalambra cada parte de mi cuerpo. El aislamiento ya no me sirve, se ha vuelto mi enemigo, entre más pasa el tiempo, más lastima.

Estoy entre cuatro paredes donde mi respiración es lo único que se logra escuchar. Solo quedó la voz en mi mente de alguien que no se fue por completo, donde hace eco a cada rato pronunciando mi tormento.

No quiero soltar esa esperanza,
quiero seguir escuchando
el susurro de una ilusión,
entre lo que más me da vida...

y lo que más me **lastima.**

Escucho música al máximo volumen
y me oculto a ver películas
hasta cansar mis ojos
para llenar el hueco de *las ausencias.*

Jamás entendí de la soledad,
hasta ahora,
que en cada logro y derrota
no está nadie para celebrar.

El silencio me habla de ti,
no puedo descansar de tu recuerdo,
me es imposible despedir
a un amor que juraba
sería para toda la eternidad.

La peor soledad no es
cuando te alejas de todos,
es tener a todos y,
aun así,
sentirte en ***abandono.***

Ahora entiendo porque huyeron de mí...

*¿Quién va a querer estar
en completa oscuridad?*

Cuando hay miles de estrellas allá afuera
dispuestas a compartir su luz.

Ahora me arrepiento
de todas las veces
que supliqué
estar en aislamiento.

-por favor regresen

Estoy tratando de volver,
recuperar lo que era,
pero me es imposible,
uno no vuelve a ser el mismo
después de un *corazón destrozado.*

Un corazón
sobre (viviendo)

Lo más valiente de un corazón roto
es que aprende a sonreír,
incluso cuando por dentro
está muriendo de ganas por llorar.

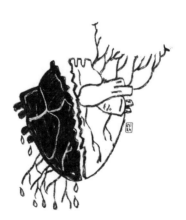

Trata de nuevo

¿Cuántas veces he escuchado esas palabras? "Trata de nuevo", "eres fuerte", "eres valiente", "tú puedes" ...

Han sido miles de pláticas con amigos, conocidos, incluso con mi propia esencia. ¿Y si lo intentamos una vez más?, ¿y si esta vez logramos salir?

Lo que implica un nuevo intento, una fe intacta, una alegría que acalambra las manos, una sonrisa que quiere salir y unas ganas de hacerlo, sea verdad o mentira, hay ilusión de esta vez vencer cada obstáculo, ser alguien capaz de combatir con su sombra.

Me dicen trata de nuevo, lo que no saben es el sacrificio que genera hacerlo, luchar cuando ya no tienes fuerza, tomar aliento cuando estás completamente en asfixia.

Quiero hacerlo, pero tengo **temor de caer** en mi nuevo intento.

¿Y cómo lo hago?

Siempre me he preguntado: ¿Cómo lo hacen?, ¿cómo se curan tan fácil?, ¿cómo después de días salen a la calle con los ojos secos y mostrando su mejor versión?, yo llevo un sinfín de noches, miles de segundos y cientos de horas adivinando cuál es la pócima para esa felicidad que es envidiable.

¿Y cómo lo hago?, ¿cómo me encuentro dentro de un pozo que no tiene inicio ni fin?, ¿cómo encuentro mis restos después de que yo me encargué de desarmar cada pieza?, ¿cómo encuentro mis partes rotas para después completar el rompecabezas de mi corazón?

¿Y cómo lo hago?, ¿cómo vuelvo?, quiero hacerlo, no sé por dónde iniciar, si por encontrar algo que yo perdí o simplemente regar para *florecer* una vez más.

No tengas cobardía de soltar,
decir adiós y saltar
hacia tu propia calma,
a veces es fundamental
para avanzar,
para seguir con la vida,
continuar con el rumbo que
perdiste y no te diste cuenta.

A veces es mejor sonreírle
al dolor y agradecer
por la gran lección,
no hay que dejarnos vencer
por las lágrimas,
por las heridas que aún sangran.

No hay que temer a los cambios,
también son necesarios,
conocer nuevos mundos,
nuevas aventuras que
por temor no podemos observar.

Ten confianza,
ten fe en tus decisiones
y aprovecha las nuevas
oportunidades
que te acercan a la felicidad.

-consejo que nunca recibí

Voy despacio,
algún día volveré a confiar.

Me rompieron tanto
que todavía ***tengo miedo***
de entregar partes de mi alma
que siguen en construcción.

No sirve de nada sufrir
y llorar para detener
a una persona
que se quiere ir.

Hay que aprender a soltar
para volar
hacia un nuevo destino.

Dame tiempo, no entiendo lo que dices

No es necedad, no es masoquismo, no es obsesión, simplemente es complicado despedir y cerrar una historia que no quería que tuviera fin, decirle adiós a alguien que juraba darme lo que sentía, cuando en realidad no se esforzaba.

Por ahora no entiendo lo que dices, no sé qué es sanar, no sé cómo hacerlo, tengo intención, pero por ahora no puedo levantarme, te juro que lo intento miles de veces y esas miles de veces vuelvo a perder.

No entiendo lo que dices, no sé qué es dejar ir, no sé cómo se logra despedir a un apego así, tan intenso como lo que sentí, cómo decirle adiós a quien me daba el oxígeno necesario a mis pulmones.

Dame tiempo, no entiendo lo que dices, aún me cuesta comprender tus palabras, tus consejos, porque todavía *sigue esa venda* que me colocó antes de partir.

Solo quiero ir lento

Entiendo que ya llegó el capítulo
para despedir a tu recuerdo,
de dar las gracias
por lo que me diste
y por lo que me enseñaste,
cosas buenas o malas
se han quedado grabadas.

Entiendo que no puedo
estar así para siempre,
que ya no hay motivos
para aferrarme a una hoja
donde ya hay punto final,
donde no hay más historia
por contar.

Entiendo lo que implica decir
adiós, sin embargo, quiero ir lento,
quiero hacerlo a mi manera
y sin apresurar a sanar.

Quiero ir lento, aprender a solas,
darme ánimos y no depender
de alguien,
ganar mis propias batallas
y darme las gracias.

Solo quiero ir lento,
todavía **no me acostumbro**
a esta nueva etapa.

Eres un lugar perfecto
para ser libre y llenar el vacío
de un rumbo en conflicto.

-mi cuerpo

Una verdad que duele:

Un ser humano capaz
de destruir todo lo que eres,
no puede llamarse
el amor de tu vida.

¿Con qué se pega

un corazón

que

está roto?

El llanto más desolador
es cuando las palabras
se quedan atrapadas
en la garganta
y el corazón
no las puede gritar.

Al borde del colapso

Por ahora sigo luchando,
sigo matando a los fantasmas
del pasado, a las inseguridades
que me han quitado
lapsos de felicidad.

Sé que voy a lograrlo
y demostrar que,
sin importar que estuve
al borde del colapso,
también busqué la manera
de volver a la calma.

No dejaré de creer,
no dejaré de luchar
por encontrar
lo que me hace falta...

y es vivir en paz.

Lucharé por despertar
y ver un nuevo día
como una oportunidad
de hacer las cosas bien,
de disfrutar lo que tengo
y agradecer lo que está por llegar.

Pero por ahora sigo aquí,
al borde del colapso.

Hablemos del dolor

Hablemos cuando dejé de ver sus ojos, cuando mis manos buscaban su calor en las sábanas frías, cuando el desayuno no era lo mismo sin su sonrisa, sin besos llenos de miel que endulzaban mi café por la mañana.

Hablemos cuando la soledad fue la única que se quedó conmigo en las noches heladas, en las veladas llenas de insomnio al saber que su recuerdo se llevó mi descanso.

Hablemos cuando llegaron las gotas amargas que quemaban mi piel, el silencio que gritaba su regreso. Mi existencia estaba a punto de caer de un precipicio y no estaban sus brazos para salvarme.

Hablemos del dolor...

Y es lo que dejó,
desde que hizo sus maletas
y a mi lado **nunca más** volvió.

Supliqué mil veces
que no me rompieran
y dicha súplica
no logré hacerla *por mí.*

¿Y por qué no vuelvo a intentarlo?

Quizá esta vez
sí pueda suturar
lo que sigue abierto,
tal vez logre salvarme
después de que casi
me dejé morir.

Nada será igual

Hace tiempo despedí a mi versión que por muchos años estuvo conmigo, con la que pasé cosas buenas y malas, la etapa de mi vida donde conocí el amor y lo que es el desamor, lo que es estar feliz y morir por la tristeza.

Jamás seré la misma persona, es casi imposible olvidar lo que pasé, lo que es estar en completo abismo, no encontrarte por más que lo intentas.

Nada será igual, no volveré a tropezar con la misma piedra, aunque quiera hacerlo, ya no es justo sobrepasar mi límite, mi punto débil que no quise notar cuando se estaba rompiendo porque vivía en un engaño.

> Aquí muere mi versión
> de **un corazón roto,**
> que podía ser usado
> en mi contra.

Nada será igual, mi sonrisa ya no será la misma, ya no llamaré "amigos" a esas personas que solo están cuando todo está bien, ya no confiaré en las primeras sombras que aparecen y juran escucharme.

> Nada será igual,
> yo **no** seré igual.

No te vayas

Ojalá hubiera tenido la valentía necesaria para decir "quédate", para saber pedir una compañía e ignorar lo que los monstruos decían. Ojalá hubiera tenido la certeza de que parte de mi salvación no era estar a solas, que necesitaba de alguien, de calor, de empatía.

Me acostumbré a la presencia de ese apego que toda la demás gente salía sobrando y jamás pensé estar así. Ahora estoy intentando crear la mejor frase en mi cabeza para evitar que se vayan, que no me dejen en desamparo, que permanezcan, es lo que necesito.

"¡Por favor no te vayas, quédate!", alguien como yo en estos momentos todavía no sabe pedir eso, me cuesta expresar lo que siento, aún tengo el pañuelo en la boca y la cuerda en la garganta, no salen palabras, solo llantos.

No te vayas,
ya entendí que a solas puedo,
pero en compañía es **más fácil.**

Días buenos, días malos

Es tan incierto, a veces me siento tan bien, con tanta energía para pelar sin rendirme, encuentro motivos en cada esquina, hay una motivación como si hubiera escuchado miles de podcast donde me hablaran de cómo curar un corazón roto. Hay segundos donde es más fácil, es tan sencillo poder sonreír, hay cientos de ideas, ganas de platicar, de contar mis próximos sueños, ganas de verme al espejo y peinarme como más me gusta, de usar mi mejor ropa para salir al trabajo o a estudiar.

Hay instantes donde me encuentro, logro ver lo que era, donde está una versión rota con ganas de suturarse. Hay días tan buenos que me asusta que se terminen. Y se vuelve realidad: La tormenta llega de la nada y no estoy en condiciones para soportarla, hay días malos, donde las escenas se borran, los sueños que tenía se van y no quedan rastros de las ganas.Es tan extraño ver que en un dos por tres desaparece, es como si agitaran una barita y convirtiera mi mundo en un calabozo.

Hay instantes donde respirar aflige, se asoman grandes cascadas que mojan cada parte de mí, hay gritos en mi mente que me dicen que soy débil, que merezco esto y más por todas las equivocaciones, y me asusta.

Hay días buenos y malos,
Supongo que es parte
de *mi sanación.*

Llora todo lo que no lloraste

¿Cuántas veces me tragué el nudo de la garganta por querer evitar mostrar mis lágrimas? ¿Cuántas veces oculté mis sentimientos por horror a que juzgaran mi fragilidad?

Han sido tantas veces que mi mirada se ahogó de los mares que quedaron ocultos, me volví un océano entero, jamás dejé salir una gota por el temor al qué dirán, quise evitar mi vulnerabilidad para que nadie notara lo que estaba pasando. Preferí sonreír, y dejar pasar las cosas, pues nada se iba, se quedaba ahí, esperando la mejor oportunidad para salir. Y de una manera tan fría siempre lo evité, de cualquier forma, quedó atrapado mi llanto en palabras hirientes que yo me decía.

> Jamás lloré lo necesario
> para sanar, no permití
> recuperarme y *dejar salir*
> en cada gota tu recuerdo.

Me negué tanto que estaba por volverme piedra, nunca quise entender que las gotas amargas eran parte de mi aprendizaje y que sin ellas no podía avanzar.
"Llora todo lo que no lloraste", me dijo mi interior aquella tarde cuando estaba mirando tu fotografía, ahí entendí que estaba por empezar la mejor etapa, un proceso de liberación.

Me da miedo enamorarme (otra vez)

Nadie habla del sufrimiento que se vive después de un corazón roto, de lo que cuesta volver, lo que genera (sobre)vivir a la rutina, ir a trabajar o a estudiar con las olas detenidas en los ojos, el nudo que te aprieta y que hace que el aire se vaya.

Es tan difícil levantarte de la cama si ya no hay ganas, no hay motivos para empezar con la mejor actitud por la mañana, salir a hacer ejercicio ya no es opción por estar en un completo cansancio.

Que la comida se vaya al olvido y pasar horas sin probar un solo bocado, estar a punto de la deshidratación por tantas gotas derramadas y convertirte en otoño. Perder a tus seres queridos y estar en un encierro tan lacerante, sientes que ya no importas, que desaparecer sería la mejor opción.

No quiero enamorarme otra vez y terminar así, en una completa desolación y que nadie logre salvarme, que ni yo pueda hacerlo, no ser capaz de nadar contra la marea y luchar como alguna vez lo hice.

Tengo miedo de rehacer mi vida
y terminar así, en pedazos,
en verdad ya no sería capaz
de evitar **mi muerte.**

La magia de las personas rotas

Las heridas quedan ahí, tatuadas en la piel como la mejor evidencia de lo que es estar al borde del final, de caer y que nada te proteja.

Cada una sigue sangrando, corren ríos que no pueden ser calmados, aun así, intento no rendirme, lucho contra mi propia cabeza, con mi voz que se ha vuelto mi peor enemigo, contra la melancolía que está vagando en cada esquina de mi hogar, contra un bajo autoestima que hacía que me aborreciera de tan solo pensar en mí, en lo que mi cuerpo era y en lo que me gustaría ser.

No me rindo, esa es la magia de las personas rotas, que sin encontrar su camino siguen dando pasos, siguen buscando la mejor dirección sin perder la esperanza.

Esa es la magia que llevo entre mis dedos, de no caer, seguir hasta que logre encontrar mis pedazos...

O simplemente reconstruir **lo que alguna vez fui.**

Para mí y por mí

Pasé mucho tiempo creando una versión inventada para complacer a la gente, un engaño tan grande que al final estaba creyendo cada mentira. Esa es la hazaña del mejor mentiroso, creer en sus propios engaños y sentir que son de verdad.

Así fue, pero ya no estoy para eso, me costó miles de penas, golpes, fracasos, ausencias y perder al amor que me dejó en pedazos, darme cuenta que ya es necesario pensar en mí, en dejar pasar el qué dirán, y mejor enfocarme en lo que yo diré, en lo que siento, en lo que quiero.

Hacer lo necesario para mí, y por mí, no sé cómo se hace, pero lo que sí tengo seguro, es que quiero intentarlo, dejar de pensar que las segundas voces son las que valen y creer en lo que mis palpitaciones dicen.

Para mí y por mí, es lo que necesito, alejarme del mal, de esa cuchilla tan filosa que cada vez que hago un movimiento rasga el pecho.

Jamás había sentido este pequeño fragmento de paz y de esperanza de que voy a mejorar, que si me esfuerzo voy a lograr hacer lo que sea *para hallar mi felicidad.*

Hice lo mejor que pude
y no fue suficiente...

Dolió darme cuenta,
pero esa es la esencia
de las ***personas incorrectas.***

Entendí que no debo
ser cruel conmigo,
todo es un proceso
y estoy sanando,
lo estoy haciendo bien,
estoy haciendo
lo mejor que puedo.

Algún día volveré a disfrutar
de mi comida favorita
sin que nada estorbe,
me voy a atrever a visitar
los lugares y admirar los paisajes.

Sabré lo que es llorar,
pero de felicidad
y no de melancolía,
lo que es sonreír,
pero de verdad y sin fingir,
lo que es gritar,
pero de adrenalina
por arriesgarme a lo que
más quiero y no porque
me persigan los fantasmas.

Volveré tan fuerte
que nadie sabrá
que estuve en pedazos.

Volveré de la mejor manera,
con más ganas y sin límites.

-ojalá sea pronto

Un día seré tan diferente
que voy a tener la necesidad
de **volver** a conocerme.

En este momento el alma
no entiende lo que es sanar,
seré paciente con ella,
así como *siempre quise*
que lo hicieran conmigo.

Epílogo

Síndrome del corazón roto

Lo sé, no ha sido fácil combatir los problemas, (sobre) vivir con un corazón roto, salir adelante y mostrarse al mundo, tratar de seguir con el temor a lo que puedan decir. La baja autoestima te ha quitado lo que nadie en el mundo, esa libertad de gritar sin el candado en los labios. Los colores en la ropa ya no combinan y los cambios en tu cuerpo te hacen hundir y caer a un pozo sin fondo.

Entonces aparece un enemigo aún más fuerte, la depresión te invade en tus cuatro paredes y te tortura incluso con el silencio. Dormir se hace cada vez menos constante, las canciones, poemas, libros y consejos ya no ayudan. Las pesadillas te siguen gritando los errores cometidos y las metas que no alcanzaste. Las manos tiemblan y las ganas parecen acabarse.

Así es como surge la ansiedad, esa desesperación inmensa por lograr lo inalcanzable, por buscar lo que no está perdido, por anhelar lo que ni siquiera se ha inventado. Ese terror de vivir en una burbuja que no puedes explotar, porque lo único que te mantiene con vida es el oxígeno en su interior. Las horas pasan y cada segundo se siente como un flechazo en el alma, como un veneno que te desgarra matando las últimas esperanzas.

La soledad parece dominar cada espacio, sin que nadie sepa lo que estás pasando, sin que la gente a tu alrededor pueda sospechar que en tu interior yace un letrero que pide ayuda, todos se alejan sin que puedas detenerlos, todos incluso tu propio ser.

Pero después de cada batalla, de cada guerra, de cada pelea en contra de ti, descubres que no, que no vas a morir. Estás pasando por etapas que te van romper en mil pedazos el corazón, pero si sabes dominar cada sentimiento, también te irán sanando y descubrirás qué hay más allá del dolor.

Sabrás que, lo que siempre estuvo ahí fue una maldita enfermedad que parecía no tener final. El diagnóstico no es sencillo de aceptar, pero de eso se trata, de saber reconocer lo mucho que duele padecer...

El síndrome del corazón roto.

Que no te mata, pero te lleva a rozar un límite, donde solo los más valientes, se pueden salvar.

Jairo Guerrero / @jaiiwriter
Querétaro, México
01 de septiembre del 2023

Agradecimientos

Principalmente a mis padres por siempre acompañarme en cada proceso de mi vida, por no dejarme sola, por siempre confiar en su hija, por ser el pilar más importante que me ha dado fortaleza para luchar por mis sueños, por sus sabios consejos y su guía hacia el camino del bien. Gracias papá y mamá, son lo que más amo en esta vida.

Y también al amor de mi vida, Jairo Guerrero, por entregarme todo de él, por hacerme sentir la mujer más afortunada del universo, por su esperanza en mí, por rescatar estas letras perdidas, por darme las palabras adecuadas para creer en lo que soy capaz, por nunca dejarme sola y que, con su cariño reconstruyó los muros de mi corazón. Gracias, amor, por regalarme los mejores años de mi vida, siempre te voy a amar.

Ricardo Enríquez por plasmar su arte en mi sueño, por su gran compromiso y paciencia, gracias por tu tiempo y darle el complemento perfecto. Santiago Berti por dejar parte de tu corazón en cada línea del prólogo y por confiar en mí, entregando parte de tu esencia.

Gracias a mis hermanos, Juan Luis, Bibiana y Jessica por ser un ejemplo para mí, por sus consejos y regaños para lograr ser una persona de bien, por regalarme la dicha de ser tía y dejar una huella en mis pequeños amores, mis sobrinos.

A mis gordos, Pardo, Panda y Poli, que me acompañaron en cada noche de inspiración, por estar a mi lado dándome el amor más sincero. Y a ti, mi Polar, que ya eres un angelito, que a diario me cuidas y en cada momento te echo de menos. Gracias por darme tus mejores instantes, por ser tan fuerte hasta el último suspiro, eres parte de cada letra y de cada tristeza que inunda mi corazón al verte en fotografías. Los amo con toda mi alma.

Y a ustedes, mis lectores, mi familia, que confiaron en mí, que devolvieron la inspiración para retomar mi camino, para direccionar y regalar lo que en un momento de mi vida necesité. Gracias por sus mensajes tan lindos, por sus comentarios que me causan una gran emoción.

BIOGRAFÍA DE LA AUTORA

Fátima Salinas Ledezma
(02 de diciembre de 1998)

Nació en un pueblo del municipio de Colón, Querétaro. Joven poeta y escritora mexicana, egresada de la Universidad tecnológica de Querétaro como licenciada en gestión del capital humano. Ella es divertida, dedicada y apasionada por la escritura, declamación y la lectura. Autora del libro "Mi persona equivocada" (2022) y coautora del libro "Xódo" (2023). Ha participado en antologías nacionales e internacionales. Es amante del deporte siendo futbolista, entrenadora personal y apasionada del freestyler.

Su principal objetivo es inspirar a las generaciones a cumplir sus sueños. Ella lucha a diario para crecer como persona y profesionalmente, teniendo en mente los valores que le inculcaron sus padres.

**OTROS TÍTULOS DE LA AUTORA
QUE TE GUSTARÁN**

MI PERSONA EQUIVOCADA

Lo cierto es que, en mi piel llevo tatuajes de besos que no llegaron a ser infinitos, de caricias fingidas, de susurros que prometían quererme para siempre. Estoy hecha de personas que solo dejaron heridas sangrando y que de a poco me hacen desaparecer.

Es cierto que me estoy equivocando por encontrar el sitio correcto, los abrazos cálidos, los latidos que se convierten en melodía en una tarde cualquiera.

Es cierto que mi brecha está llena de errores, pero más de aprendizajes. Creo en el amor, pero también he dudado en encontrarlo, he creído en sombras que se burlaron de mí, he perdonado incluso con el alma en pedazos.

He aprendido a soltar teniendo el corazón lleno de amor, a encontrar salvación con las ausencias que me dejan al borde del precipicio. He aprendido a amarme por encima del miedo, por encima del corazón roto que me ha dejado mi persona equivocada.

Faty Salinas

Mi persona
equivocada

Contigo tuve todo por primera vez,
incluso el *corazón roto*.

XODÓ

ADVERTENCIA: "Este libro solo se puede entregar una vez en la vida".

¿Por qué Xodó?, es una forma de decir "mi amor" solo a la persona que más se quiere en la vida.

Es una forma de mostrar afecto a alguien muy valioso y que se quedará por siempre en tu corazón.

Xodó es el libro ideal para declarar y demostrar el amor que sientes hacia una persona, para obsequiar a quien consideras "el amor que será para toda la vida".

Xodó es un libro interactivo que contiene versos, poemas y distintas actividades que hacen de este, el libro perfecto para expresar lo que el corazón no puede gritar.

Escrito por Jairo Guerrero & Faty Salinas, Xodó promete ser un libro que fabricará momentos inolvidables, romanticismo, sonrisas, recuerdos, aventuras, y, sobre todo, un amor incondicional.

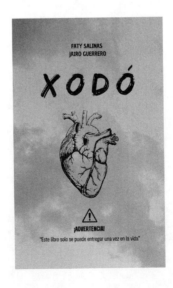

ÍNDICE